介護職員スキルアップテキスト1

はじめての生活支援Q&A集

誰にも聞けない素朴な疑問

編著：佐藤富士子・壬生尚美

日本医療企画

はじめに

　介護は、生活能力が加齢や障害によって低下し、今まで自分でできていたことができなくなるという変化が生じることで必要とされる職業です。現在、介護の必要な人のなかで高齢者の割合は高く、介護職は長い人生を送ってきた人に対し快適でQOL（生活の質）を高める支援が望まれています。また、福祉サービスの基本理念に「福祉サービスは個人の尊厳の保持を旨とし、その内容は、福祉サービスの利用者が心身ともに健やかに育成され、又はその有する能力に応じ自立した日常生活を営むように支援するものとして、良質かつ適切なものでなければならない」という規定が盛り込まれています。

　介護を行うために介護職に求められることには、一つ目として、施設でも居宅の場合でも言えることですが、サービスを受ける個人の好みや習慣を尊重した尊厳ある介護の提供があります。介護の必要な人はそれまでに生きて生活をしてきた歴史があります。これまでに行ってきた排泄や食事、入浴、掃除、調理等各人各様に人生を積んできた量だけ習慣やこだわりをもっています。本人にとって当たり前の生活が継続できるような尊厳ある支援が必要です。二つ目はその人のもっている生活能力を活かすこと、自立のための支援です。生活に援助が必要な状態でも、生活のすべてができなくなるわけではありません。自分でできる部分をみつける、活かす、できるような環境整備や工夫を行うことが大切です。介護が必要になっても、自分の意思をしっかりもって生きることは重要で、介護職は心のサポートをすることも必要です。

　介護は、どの人にも同じ方法で行うことが不可能な行為であるとも言えます。さまざまな場面に遭遇した際に細かな観察ができ、利用者の変化に気づき、その状況を判断しケアの方法を考える力がなければ実施することができません。しかし、そのベースになるものは、介護職のもつ知識と経験です。

　本書は、介護の専門職になるために基本知識を学んだ人たちが現場で遭遇したさまざまな場面を例に挙げ、Q＆A形式にまとめたものです。回答となる内容には、根拠となる理由も記載してありますので、介護を行ううえで根拠を考えるのにも役立ててください。

本書の使い方

本書は、高齢者を介助するなかで抱くことの多い疑問をQ&A形式でまとめています。介助場面で直面する「なぜ？」「どうしたらいいの？」「今さら人に聞けない」という素朴な43の疑問を集めていますので、実際に介助するときに役立ててください。

介助の場面ごとに疑問を分類

介助場面で直面する疑問を掲載

具体例を挙げながら、わかりやすい文章で回答を解説

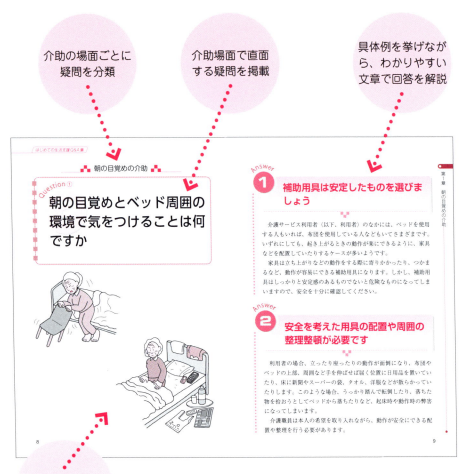

イラストでさらにわかりやすく

目　次

はじめに

第1章【朝の目覚めの介助】
　①朝の目覚めとベッド周囲の環境で気をつけることは何ですか ………… 8
　②片まひのある人の目覚めで気をつけることは何ですか ……………… 10
　③睡眠薬を服用している人に気をつけることは何ですか ……………… 12

第2章【食事の介助】
　①誤嚥しやすい人とはどのような人ですか ……………………………… 16
　②視覚障害の人の食事介助で配慮することは何ですか ………………… 18
　③片まひのある人の食事介助で注意することは何ですか ……………… 20
　④自助具を使うのはどんなときですか …………………………………… 22
　⑤高齢者はどのくらいの量を食べればよいですか ……………………… 24
　⑥食事の形態を変える判断はいつがよいですか ………………………… 26
　⑦義歯を外したままで食事をしてよいのですか ………………………… 27
　⑧口腔体操をするのはどうしてですか …………………………………… 28
　⑨食卓の高さといすの高さは考慮が必要ですか ………………………… 30

第3章【洗面・義歯の手入れ】
　①爪の間に黒い塊があるのはどうしてですか …………………………… 34
　②義歯を洗うときに歯磨剤（歯磨き粉）を使ってよいのですか ……… 35
　③なぜ義歯が必要なのですか ……………………………………………… 36
　④義歯にはどのような種類がありますか ………………………………… 37

第4章【移動・移乗の介助】
　①車いすでの食事といすでの食事はどちらがよいですか ……………… 40
　②ベッドが壁にあり、片側一方しか使えない場合の
　　車いすやポータブルトイレの移乗はどうすればよいですか ………… 42
　③片まひのある人を車の座席から車いすに移乗するときは
　　どのような方法がありますか …………………………………………… 44
　④腰が曲がって前屈姿勢のある人の移乗での注意はありますか ……… 46

第5章【排泄の介助】
　①おむつを交換する目安は何ですか ……………………………………… 50

②おむつ交換時には、どのようなことを観察したらよいですか ……………… 52
③排泄行動を確認するとはどういうことですか ………………………………… 54
④おむつにかぶれることがありますか …………………………………………… 56
⑤おむつを着用しているのに、尿漏れや便漏れがあるのはなぜですか ……… 57
⑥おむつの購入でかかった費用は、介護保険が適用になりますか …………… 58
⑦下痢便のときの介助で注意することは ………………………………………… 59

第6章【入浴の介助】
①入浴時、浴槽の水位に配慮する必要がありますか …………………………… 62
②片まひがある人や一方向からの出入りしかできない人が
　浴槽へ出入りする場合に注意することは ……………………………………… 64
③浴槽に入っている時間はどのくらいがよいですか …………………………… 66
④シャワー浴の場合に配慮することはありますか ……………………………… 68
⑤入浴後に水分補給をするのはなぜですか ……………………………………… 70
⑥入浴後、すぐにからだを拭くのはどうしてですか …………………………… 71
⑦入浴時にからだをどこから洗うか、順番はありますか ……………………… 72

第7章【衣服着脱の介助】
①肌着は、汚れがなく汗をかいていない場合は交換しなくてもよいですか …… 76
②介護する際に適さない衣服がありますか ……………………………………… 77
③着物や浴衣の合わせは、なぜ右前なのですか ………………………………… 78

第8章【感染予防】
①手の洗い方には原則がありますか ……………………………………………… 82
②手を洗う場所がないときにどうすればよいですか …………………………… 84
③マスクの着用は相手に失礼になりませんか …………………………………… 85
④疥癬のある人への介助の際、手の消毒は必要ですか ………………………… 86

第9章【介護記録】
①記録を書く自信がありません。どのように書いたらよいですか …………… 88
②記録が必要な理由は何ですか …………………………………………………… 90

第1章 朝の目覚めの介助

朝の目覚めの介助

Question ①

朝の目覚めとベッド周囲の環境で気をつけることは何ですか

Answer 1 補助用具は安定したものを選びましょう

　介護サービス利用者（以下、利用者）のなかには、ベッドを使用する人もいれば、布団を使用している人などもいてさまざまです。いずれにしても、起き上がるときの動作が楽にできるように、家具などを配置していたりするケースが多いようです。

　家具は立ち上がりなどの動作をする際に寄りかかったり、つかまるなど、動作が容易にできる補助用具になります。しかし、補助用具はしっかりと安定感のあるものでないと危険なものになってしまいますので、安全を十分に確認してください。

Answer 2 安全を考えた用具の配置や周囲の整理整頓が必要です

　利用者の場合、立ったり座ったりの動作が面倒になり、布団やベッドの上部、周囲など手を伸ばせば届く位置に日用品を置いていたり、床に新聞やスーパーの袋、タオル、洋服などが散らかっていたりします。このような場合、うっかり踏んで転倒したり、落ちた物を拾おうとしてベッドから落ちたりなど、起床時や動作時の弊害になってしまいます。

　介護職員は本人の希望を取り入れながら、動作が安全にできる配置や整理を行う必要があります。

朝の目覚めの介助

Question ②
片まひのある人の目覚めで気をつけることは何ですか

日常動作ができるかどうかだけではなく、いろいろな障害を考慮した介護が大切です

　まひ側は健側(けんそく)と比較すると循環が悪いので、起床してすぐには動きにくいことがあります。まひ側を擦ったり、マッサージなどをした後に動かすようにします。左半側空間無視は本人から見て左半分に存在する空間が見えているのに脳が認めることができない症状を言います。

　介護職員は、まひのある人が日常生活の動作ができないということだけにとらわれるのではなく、他の障害もあるという意識をもちながら介護をすることが求められます。

関節を擦ってあげることで、痛みが和らぎ動きやすくなります

　起床時に動きがスムーズにできないのは、まひのある人だけではありません。高齢になると、同じ姿勢が長く続くと関節が動きにくくなり、起き上がりや立ったり座ったりのときに痛みを感じたり、動作がスムーズにできないことがあります。

　介護職員がこのようなときに、膝や足首の関節を擦って循環をよくすると、痛みが少し緩和され、動きやすくなります。

はじめての生活支援Q&A集

🔺🔺 朝の目覚めの介助 🔺🔺

Question③
睡眠薬を服用している人に気をつけることは何ですか

高齢者は「多相性睡眠」。睡眠と覚醒のリズムを理解しましょう

　ぐっすり眠れると目覚めもすっきりし、一日を快適に過ごすことができます。反対に睡眠不足になると、疲労感を感じたり、集中力がなくなったりします。生活のなかで睡眠はとても大切です。しかし、高齢者の25〜40％の人が睡眠障害を訴えると言われています。

　高齢者になると、睡眠と覚醒のリズムが変わり、一日24時間の間に短い睡眠を何回かとる「多相性睡眠」になります。「多相性睡眠」になると日中の覚醒レベルが低下するために居眠りや昼寝が増加し、夜間にまとまった睡眠がとりにくくなってきます。そのため、夜になると睡眠薬を使用するケースが増えてくるのです。

起床時には声をかけて覚醒を確認して、次の援助をしましょう

　薬は主に小腸から吸収されますが、高齢になると、胃酸の分泌量が低下し、腸の血流や栄養の吸収能力も低下します。薬の吸収の速度も低下し、薬が効くまでに時間がかかります。そのため、睡眠薬を服用している場合、起床時は確実に覚醒していることを確認しないと、移動や食事介助の際に、転倒や誤嚥の危険性があります。

　介護職員はしっかり声をかけ、覚醒していることを確認してから、次の動作に入る援助を行いましょう。

食事の介助 第2章

食事の介助

Question ① 誤嚥しやすい人とはどのような人ですか

×悪い姿勢

腰がずれ、顎が上がってしまうと、食べ物も見えず、誤嚥しやすくなる

○よい姿勢

首をやや前に傾け、少し顎を引いた前傾姿勢は、嚥下がしやすい姿勢

食べる動作から誤嚥を防げるようにチェックしましょう

　誤嚥しやすい人のなかにはいろいろな人がいます。「食べる動作」に関連して必要なチェック項目としては、「お食事です」という声が聞こえるか（聴覚）、目の前にある器が目に入っているか（視覚）、食べ物のにおいを感じているか（嗅覚）、食べる動作に障害はないか（運動機能）、かむ、飲み込むことに障害がないか（嚥下・咀嚼機能）、唾液の分泌があるか（唾液腺）、口唇が閉じているかなどがあります。

　高齢者は、運動障害などがなくても誤嚥しやすくなっています。食べ物を飲み込むときに活動する筋肉の働きが、加齢によって低下するのも原因の一つです。食事介助が必要でない高齢者でも、誤嚥しないかどうか注意を払う必要があります。

唾液の状態や食事の姿勢、テーブルやいすの高さも大切なポイントです

　介助の必要がない人や、見守りでよい人であっても、食事前に唾液が出ているか、唾液が飲み込めているかを確認するとともに、食事の姿勢、テーブルといすの高さは適切かどうかを判断することが重要です。また、嚥下しにくい食品（とろろ、こんにゃく、固ゆで卵、パン、もち、酢の物など）は特に注意が必要です。

食事の介助

Question ② 視覚障害の人の食事介助で配慮することは何ですか

クロックポジションに沿って、メニューや食器の大きさや感触を説明しましょう

　一般的に弱視や全盲などの視覚障害のある人の食事介助では、メニューの説明はもちろんのこと、食事をのせているお盆の大きさや食器の感覚を触れてもらいながら、時計の文字盤(クロックポジション)に沿って詳細に説明します。

　食事の原則は温かいものは温かく、冷たいものは冷たいままに食べるのが一番です。そのときに、注意しなければならないのは、温かいものを食べる際に熱過ぎて火傷(やけど)をしないように配慮することです。

魚の骨などに注意。食品アレルギーの有無も確認しましょう

　魚の骨は取り除き、からしなどは好みに合わせて、あらかじめ塗っておくようにします。また、食品アレルギーなどがないか、食べてはいけない食品があるかなども確認しておきます。

　一度に数回分の調理をした場合は、調理したものを小分けして冷凍保存することにより、次回の調理時間の短縮に役立てることもできます。また、レトルト食品や冷凍食品を有効活用することも一つの方法ではないでしょうか。食事は単なる栄養摂取のためのものではなく、"楽しみ"という面もあるので、工夫も大切です。

食事の介助

Question ③ 片まひのある人の食事介助で注意することは何ですか

利用者の症状に合わせて、介助する位置を判断しましょう

　片まひの利用者の食事介助の場合、介護職員はまひ側とまひのない側のどちらに位置するかは、利用者の症状に合わせましょう。

　片まひのある利用者はまひ側に倒れる危険性がありますので、一般に介護職員はまひ側に座り、からだを寄せて介助します。この場合はまひのない側の口に食べ物を入れやすいという利点もあります。

　片まひに伴う症状として、「同名半盲」と「左空間失認」がある人の場合、まひ側からだとスプーンなどが見えにくいので、まひのない側から介助するとよいでしょう。

一口の量を少なくして、飲み込み具合を確認して、誤嚥に注意しましょう

　片まひがある場合、顔面、口腔に関連する筋肉にも、まひが起きています。そのため、口唇が閉まらず、まひ側の口角から食べ物が洩れたり、まひ側の頬裏に食べ物が溜まったり、舌でうまく回せないため嚥下反射ができなかったりして、誤嚥を起こしやすい状況になります。

　一口の量を多くしないで、喉の動きや飲み込み具合を見ながら、口の中に食べ物が残っていないことを確認してから、次の食べ物を入れるなどの配慮が必要です。

はじめての生活支援Q&A集

◆ 食事の介助 ◆

Question ④
自助具を使うのはどんなときですか

側面が高い

底にすべり止め

この部分が曲がる

太さを調節

自助具を使えば、利き手が使えない人もストレスなく食事できます

　自助具とは、ADLや仕事を遂行する際に障害等の理由で日常生活で困難をきたしている動作を可能な限り、自分自身であるいはより少ない介助で行えるようにするための道具です。食事は上肢や手、指など細かい動作の連続です。例えば、利き手が使えない人が食事をする場合、他者の介助を受けながら食事をするよりも、自助具を使って自分でしたほうがストレスなく食べることができます。

　自助具は、握力が弱い、利き手が使えないことでうまく食事ができない場合などに有効です。

多種多様な自助具。その人にとって最適なものを準備しましょう

　自助具は、日常生活をより快適に送るための道具です。自助具には、食事、整容、更衣、調理、掃除など、さまざまな場面で使われるため、より個人の習慣や癖などに合わせることが求められます。例えば、食事の自助具には、吸い飲み、コップ、おはし、お椀、お皿、スプーン、フォーク、ナイフ、すべり止めマット、取っ手・グリップなどいろいろあります。市販品を改良したり、新しいものを制作するなど利用者にとって最も適切な自助具を準備するとよいでしょう。

食事の介助

Question ⑤ 高齢者はどのくらいの量を食べればよいですか

主菜
副菜
主食
汁物
もう1品

高齢者にとって一日1,300～1,500kcalが最低限必要なカロリーです

　性別や体格により個人差はありますが、高齢者が低栄養に陥らないために必要な1日の総カロリーは、ADL（Activities of Daily Living：日常生活動作）がほぼ自立の場合は約1,500kcal、要介護度が高く全介助に近い人でも約1,300kcal必要だと言われています。

　高齢者は、1回の食事でたくさんの量をとることは難しいので、1日に約1,500kcalの食事をとるためには、1日3回きちんと食事をすることが必要で、2回しか食事をしていない場合は、カロリーが不足している危険性が高いと考えられます。

粥食中心の食生活はカロリー不足になる危険性があります

　高齢者のなかには、さまざまな理由でお粥を中心にした食事をしている人がいます。摂食・嚥下障害や口腔機能に障害があって、止むを得ない場合もありますが、食べやすいからという理由だけで粥食中心にしている場合、主菜にステーキや豚カツを食べているとは考えにくく、副菜がみそ汁や漬物だけというようなこともありますので、カロリー不足になる危険性があります。介護職員の食事介助で摂取量を把握することはもちろんですが、その摂取量のカロリーはどのくらいなのかも考えた支援が必要です。

食事の介助

Question ⑥ 食事の形態を変える判断はいつがよいですか

Answer 1　食事動作の状況に合わせて、柔らかさ・きざみ・とろみなどを考えましょう

　自立摂取ができる場合は普通の食事として、咀嚼（そしゃく）が少し困難で見守りが必要な場合は軟らかく煮る程度にします。一部食事介助が必要で咀嚼が少し困難な場合や自分の歯がない、義歯がないような人にはきざみにして、嚥下（えんげ）が困難な人にはきざみにとろみをつけます。嚥下機能に障害があり、誤嚥（ごえん）の危険性が高い場合はミキサーにかけ、ペースト状にします。

Answer 2　その人の好みに合った食事を総合的に判断しましょう

　嚥下・咀嚼状態、口腔（こうくう）状態、本人の好みなど総合的に考えて判断しますが、軟らかくしたほうがよい場合もありますし、硬いままのほうを好み、意外に食べられる人もいますので、個人の嗜好（しこう）がいろいろあることも理解しておいたほうがよいでしょう。

食事の介助

Question ⑦ 義歯を外したままで食事をしてよいのですか

Answer 1 義歯を入れてしっかりと咀嚼（そしゃく）することは、からだによい効果がいっぱいです

　義歯を外した状態で食事をするとしっかりした咀嚼ができず、誤嚥（ご・えん）の危険性が高いので、その人に合った義歯を入れて食事をすることが大切です。

　人は上下の歯をしっかりとかみ合わせることで、消化器系の働きにもつながり、筋肉系や血管系、さらに免疫系や内分泌系や自律神経系にも効果があると言われています。

Answer 2 歯のかみ合わせは脳の働きにも好影響を与えます

　近年では脳の働きに与えるかみ合わせの影響などが注目されています。正しいかみ合わせを行うためには、一人ひとりに合った正しい義歯が必要ですので、歯科医師との連携が必要です。

食事の介助

Question ⑧ 口腔(こうくう)体操をするのはどうしてですか

誤嚥予防のためにも口腔体操をしましょう

食前の口腔体操は誤嚥を予防するための体操です

　加齢とともに筋肉や体力などの身体機能が低下することはご存知でしょう。高齢者のなかには老化を防ぎ、いつまでも元気に過ごせるように、からだを動かす体操をしている人もたくさんいますが、口腔に関しては目には見えにくい部分のせいか、機能が加齢とともに低下し、まひなどがなくてもむせやすくなったりしていることには関心が薄いようです。

　口腔体操は、すでにまひなどによる嚥下障害のある人や高齢によるむせこみのある人の誤嚥予防に必要な食事前の体操です。

口腔体操は呼吸機能を高め、首・肩の血行促進などに効果的です

　口腔体操にはいろいろありますが、いずれも口腔周囲にある筋肉を動かすだけでなく、首や肩のストレッチなどを行います。

　初めに腹式呼吸で呼吸筋を鍛えて呼吸器官の活動を高め、首を回して筋肉を伸ばして血行をよくします。さらに肩周辺の筋肉を動かし緊張を緩和し、口を開閉したりすぼめたりして口腔周囲の筋肉を動かします。口腔体操には唾液分泌を促進する効果もあります。

　介護職員は口腔体操の効果を説明し、食事や唾液による誤嚥予防のためにも、この体操を行う必要があります。

食事の介助

Question ⑨ 食卓の高さといすの高さは考慮が必要ですか

一般的にはテーブルといすの高さの差が28cmが適当です

　食事もできるカフェなどのお店に入ったときに、テーブルといすの高さのバランスが悪く、食べにくかったという経験はありませんか。一般的には、テーブルの高さは70cm、いすの座面の高さは40～45cm位、その差が28cmというのが適当とされています。さらに、テーブルの角度が必要な場合もあります。しかし、テーブルに角度をつけることはできないので、「滑り止めシート」をテーブルやトレーに敷き調整します。また、こぼすのを防ぐ「エプロン」などもあります。それらを活用しながら自立した食事ができるようにします。

高さの調節には体圧を分散するクッションを使いましょう

　規格どおりのいすやテーブルを使用していても、背の低い高齢者の場合は、テーブルが高すぎて、肘が上がり食べにくくなり、さらにお茶碗やお皿のおかずが見えにくくなり、必要な量の食事を美味しく摂取できにくくなる危険性があります。
　このような場合には、クッションなどでいすの座面を調整するとよいでしょう。ただし、柔らかすぎるクッションに長時間座ると姿勢の安定性が保たれなくなる場合があります。体圧を分散できるものを使用するようにしましょう。

第3章 洗面・義歯の手入れ

洗面・義歯の手入れ

Question ①
爪の間に黒い塊(かたまり)があるのはどうしてですか

Answer 1
毎日の手洗いと定期的な爪切りをきちんと行い、ゴミなどを溜めないようにしましょう

　私たちは一日に何度も手洗いをしていますし、爪も1週間に1回くらいは切っています。

　成人の爪は一日0.1mmのびると言われています。2週間爪を切らない場合は1.4mmものびていることになります。

　爪の間に黒い塊があるのは、爪がのびていて手洗いが十分できていないことが原因で、汚れからできたゴミの塊ではないかと考えられます。

　手洗いと爪切りをきちんと行っていれば、爪のなかにそのようなゴミが溜まることを防ぐことができると思います。

　爪を見れば、その人の健康状態がわかると言われるほど、まさに爪は健康のバロメーターなのです。健康な爪は薄いピンク色をしていて、表面も滑らかです。

　定期的に爪切りを行い、必要であれば爪ブラシで指先を洗うことをお勧めします。

洗面・義歯の手入れ

Question ②
義歯を洗うときに歯磨剤(歯磨き粉)は使ってよいのですか

Answer 1
義歯の洗浄には研磨剤の入っていない義歯洗浄剤を使いましょう

　義歯をよく見ると柔らかい材質でつくられていることがわかります。健康保険対象の義歯の場合、床と歯の部分にはレジンなどの合成樹脂が使われています。合成樹脂は長い間使用していると、収縮や変色などの劣化現象が起き、床が厚ぼったくなったりすることで、人によっては装着したときに違和感を感じる場合もあるようです。

　このような状態になった義歯にふつうの歯磨剤を使い続けていると、そのなかには研磨剤が入っているため、この研磨剤が義歯を傷つけることがあります。

　そして、そのようになった義歯の洗浄を怠ると、この傷に口腔内の細菌などが繁殖し、誤嚥性肺炎を引き起こす危険性もあります。

　したがって、義歯を洗う場合は義歯専用のブラシと研磨剤の入っていない義歯洗浄剤を使って、清潔に保つことが大切です。

洗面・義歯の手入れ

Question ③ なぜ義歯が必要なのですか

Answer 1 義歯はかみ合わせをよくすることが一番のポイントです

　歯は加齢とともに衰え、グラグラしたり抜けたりして、部分義歯や総義歯が必要になってきます。その理由は、「おせんべいなど硬いものを食べるのに必要」とか、「見た目が悪く、言語も不明瞭になる」というだけでは十分とは言えません。義歯が必要には、「かみ合わせをしっかりするため」という重要な役割があります。

　歯をしっかりとかみ合わせることは、消化器系の働きを改善し、全身のバランスを整え、頭痛や肩こり、腰痛など「不定愁訴」を改善するとともに、筋肉系、血管系、免疫系、内分泌系、自律神経系でも好影響があります。近年、脳の活性化やうつなどの精神医学でもかみ合わせをよくする＝咬合是正による治療が注目されています。そして、正しいかみ合わせを行うためには、一人ひとりに合った正しい義歯が必要になってきます。

洗面・義歯の手入れ

Question ④ 義歯にはどのような種類がありますか

Answer 1 義歯の種類は保険適用のものなど種類はさまざま。金属素材のものが人気です

　一口に「義歯」と言っても、その種類はさまざまです。保険の適用が認められる義歯は、安くて機能的には十分ですが、耐久性や装用感などの点ですべての人が満足できるとは限りません。理由は、土台に素材としてレジン（樹脂）を使用しているため、熱が伝わりにくいことです。義歯をして熱いものを口にするとき、どのくらい熱いのかわからないため、むせたり、誤って口の中や喉を火傷（やけど）してしまう場合も考えられます。そこで、熱伝導性が高く腐食に強い金やチタン、コバルトクロームなどの金属素材を使用した義歯が人気となっています。

　これらの金属床義歯（金属を素材とする義歯）は耐久性にも優れ、長い間使っていてもゆがみやずれなどが起きにくいようにできているのが特徴です。レジン製の義歯と比較すると約3分の1の厚さでつくることができるため、装用感もきわめて快適です。部分義歯の場合でも残っている歯を傷める心配が少ないため、歯にやさしい義歯素材と言えます。

第4章 移動・移乗の介助

移動・移乗の介助

Question ①

車いすでの食事といすでの食事はどちらがよいですか

車いすは移動に使い、食事は食卓用のいすでしましょう

　一般的に車いすは移動を目的として使います。特に介護が必要になってきた人は、徐々に足腰の力が低下していますので、車いすでの移動が安全です。車いすに乗ったままでの食事がいけないことはありませんが、テーブルで車いすに乗ったまま食事するのは、食べにくいだろうと推測します。その理由は車いすの座面の高さは約47cmで食卓用いすより若干高いことと、車いすの座面は深く座らないと安定せず、安定した状態での動作が行われる範囲は腕の長さ分に限られるからです。また、座り替える動作により筋力を使うことにもなります。

　したがって、食卓までの移動は車いすで行い、食事は食卓用のいすに移乗し、安定した姿勢で食べるのがよいでしょう。

ディスクアームタイプなどの車いすではそのまま食事できます

　車いすにもさまざまな種類があり、食卓用のテーブルや机などで食事や作業をすることができるディスクアームタイプの車いすなどもあります。この車いすはアームサポートが一段下がった形をしており、テーブルや机に収まりやすいタイプです。また、上半身が前に傾きやすく、手を容易に伸ばせる姿勢ができるのが特徴です。

移動・移乗の介助

Question ②
ベッドが壁にあり、片側一方しか使えない場合の車いすやポータブルトイレの移乗はどうすればよいですか

車いすやポータブルトイレは本人が動きやすい側に、まひがある場合は健側(けんそく)に置きます

　在宅では、寝床あるいはベッドの四方にゆとりがないためベッドの片側を壁に寄せているケースがあります。車いすやポータブルトイレは、まひなどがなければ本人が動きやすいところに置きます。

　しかし、まひがある場合は少し違います。この場合は、車いすやポータブルトイレは、利用者がベッドに腰をかけ、足を下ろしてベッドから降りるとき、健側になるように置きます。

ベッドから車いすなどへの移乗は安全を優先しましょう

　ベッドから車いすやポータブルトイレに移乗する際は、転倒がないように安全が優先されます。

　車いすやポータブルトイレからベッドへ移乗する際は、立ち上がったときに、介護職員は足を大きく開きしっかり介助を行います。そうすることでベッド上に寝転んだ状態でも移すことができれば、ベッド上での移動を容易に行うことができます。

移動・移乗の介助

Question ③ 片まひのある人を車の座席から車いすに移乗するときはどのような方法がありますか

安全のために車いす専用の駐車スペースを利用しましょう

　まひのある人や高齢者が乗りやすい乗用車があります。助手席が回転・昇降・脱着するタイプの福祉車両です。いすが回転し、高さの調整が可能なので、車いすからの移乗も容易にでき、福祉施設では利用者を病院に連れて行くときなどに使っています。

　しかし、一般家庭が福祉車両を持っていることは少ないでしょう。最近では駐車場に車いす専用の駐車スペースがあるので、移乗にはできるだけ専用スペースを利用するとよいでしょう。

車いすと車の移乗には、健側(けんそく)のからだの力を利用しましょう

　まひがある場合、車から車いすに移乗する際は、車いすを健側に置きます。車のドアを開け、左に片まひがある場合は、健側になる右の上下肢を使って、できるだけドア側に移ってもらいます。車いすをドアに近づけ、車いすに乗り移るようにします。車いすという狭い場への移乗なので、つまずかないよう、転倒などに注意を払う必要があります。

　車いすから車に移乗するときは、車を健側に置きます。乗るときは降りるときよりも座席の面が広く、車内で動きやすい状態にあるので、利用者のできる力を利用するようにします。

移動・移乗の介助

Question ④
腰が曲がって前屈姿勢のある人の移乗での注意はありますか

背中や腰、膝関節が曲がっている高齢者の姿勢の特徴を理解しましょう

　高齢者の立位姿勢の特徴は、背（猫背）や腰が曲がり、膝関節を曲げていることです。これは、加齢による腰や背中の筋力の低下、椎骨の変形や椎間板の変性などが原因で腰が曲がり、上体が前屈気味になり、重心が後方に移動することから後ろに倒れないようにするために膝を曲げ、両足が横に広がった姿勢になります。手を膝や太ももにおいて歩くのもそのためです。

手引き歩行を行い、移乗時に足が上がっているかをチェックしましょう

　背中や腰、膝関節が曲がっている姿勢から、歩行時は歩幅が狭く、足の蹴り上げがなく、すり足になり、段差越えが困難だったり、つまずくことなどが多くなる危険性があります。

　したがって、手引き歩行などをしながら、移乗時は足が上がっているかなどを確認しながら介助するとよいでしょう。

排泄の介助 第5章

はじめての生活支援Q&A集

排泄の介助

Question ①
おむつを交換する目安は何ですか

パンツタイプおむつ

テープタイプおむつ

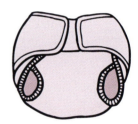
おむつカバー

おむつカバーと組み合わせて使用する場合

I字型
フラットタイプ
おむつカバー

T字型
フラットタイプ
おむつカバー

尿器

差し込み便器

Answer 1 排泄介助は利用者の生活習慣に合った方法で行いましょう

　排泄介助は、利用者にとって人間の尊厳に関わる、きわめてプライベートな介助ですので、その人の生活リズムや習慣に合った方法を尊重することです。おむつ交換は利用者からのサイン、排泄パターンや排泄量を把握して、早めに対応をすることが大切です。

　おむつ交換時に濡れていなければ、尿器・便器、ポータブルトイレなどを使用し、排泄してもらいましょう。

　もし、濡れてしまったら遠慮なく知らせてもらい、すぐに交換する必要があります。経済的理由などで交換せずに、そのままにしているとおむつかぶれの原因になります。

Answer 2 さまざまな種類から利用者に合ったものを選びましょう

　おむつには、布製と紙製のものがあります。布おむつは、吸汗性に優れ、繰り返し洗濯して使用でき、体形に合わせやすい長所がある反面、おむつカバーを必要とし、濡れたときに不快感があります。

　紙おむつには、パンツタイプ、テープタイプ、フラットタイプ、尿とりパッドなどがあり、体形、排泄状態、活動状態などに適した種類を選ぶことができますが、費用の面では負担が高くなります。排泄の自立を目指し、利用者に合ったものを選びましょう。

排泄の介助

Question ② おむつ交換時には、どのようなことを観察したらよいですか

おむつ交換時における観察ポイント

排泄の状態	排尿の状態	排尿回数と排尿間隔(昼間と夜間) 尿の状態：尿量、色、におい、混濁の有無 尿の出方・勢い、尿意の有無、残尿感の有無、下腹部の膨満感、排尿時の痛み、尿道周辺の皮膚の状態
	排便の状態	排便回数、日頃の便通状況 便の状態：便の量と性状、におい、色、残便感 腹部膨満感、腹痛、嘔吐、肛門痛、肛門周辺の皮膚の状態
生活活動	食事の状態 活動と睡眠	食事の内容、食事摂取量、水分摂取量
健康状態	バイタルの変化 発熱、皮膚や粘膜の乾燥 ストレス 病気の状態	

尿の色、におい、量、混濁や残尿感の有無などから異常を察知しましょう

尿は黄色や薄い茶色がかった透明の液体ですが、無菌です。

排尿直後は食べ物のにおいがしますが、空気中の細菌に触れて尿が分解され、独特のアンモニア臭になります。

尿が濁っている、血が混じっている、生ごみが腐ったようなにおいがするなどの場合は異常ですので、尿の色、におい、量、混濁、残尿感の有無などを観察・確認してください。また、排尿時に痛みがあるか、尿道周辺の皮膚の状態、排尿回数、間隔などを確認する必要があります。

便の量やにおい、性状、残便感、色の確認とともに、血液、粘膜が混じっていないかを観察しましょう

排便の場合は、便の量やにおい、性状（水様便、泥状便、やや軟らかい便、普通便、やや硬い便、硬い便、ころころ便）、残便感、色とともに、便に血液、粘膜が混じっていないかなども観察・確認する必要があります。陰部（腫れ、かゆみ、おりものの異常の有無）、肛門部（痔核や直腸脱などの有無）、皮膚の状態（かぶれ、発疹などの有無）の確認に加え、肛門痛や腹部膨満の有無、排便回数なども把握する必要があります。

排泄の介助

Question ③ 排泄行動を確認するとはどういうことですか

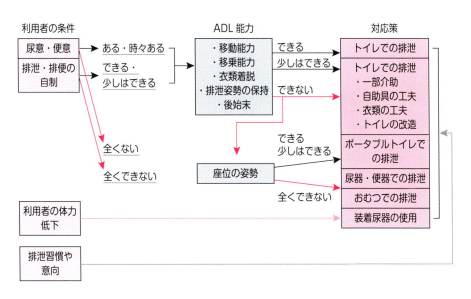

排泄方法の選択プロセス

出典：大阪在宅老人研究会編『在宅老人の介護と看護の実際』理工学社、P.153、1993年を改変

排泄行動には、7つの行為があります

排泄行動には、以下、7つの行為があります。
①尿意・便意を感じる。
②トイレ、便・尿器を認識する。
③起き上がってトイレに移動する。
④衣類の着脱をする。
⑤トイレ、便・尿器などに排泄できるように準備する。
⑥排泄・排便する。
⑦後始末をする。
これら一連の行為を排泄行動と言います。

排泄行動の一つひとつを確認することが、利用者の自立に結びつきます

　排泄行動のなかで、どの行為がうまくいかなくなっても、自ら排泄することができません。利用者の条件とADL能力を把握し排泄行動を確認することによって、排泄方法を選択します。利用者は何ができて、どのようなトラブルを抱えているかをアセスメントし、利用者の今までの排泄習慣や気持ちなどを理解した上で、利用者のニーズに添った排泄行動の自立に向けた支援をすることができます。

排泄の介助

Question ④
おむつにかぶれることがありますか

Answer 1
皮膚炎を起こさないために、おむつは汚れたらすぐに取り替える必要があります

　おむつについた尿素が皮膚に増殖した細菌に分解され、アンモニアなどの刺激物質を生成し、皮膚炎症を起こします。そして、時間が経過した尿や便によってアルカリ性に変化した分解産物で悪化したりします。また、アトピー性皮膚炎や消化不良、食物アレルギーのため、下痢便の成分でかぶれたりします。おむつは汚れたらすぐに取り替える必要があります。ただ、頻繁な洗浄は皮脂を落としすぎて皮膚を脆弱化（ぜいじゃく）させるため、洗浄は1日1～2回が適切です。

　おむつかぶれの原因として、布おむつの場合は布おむつとカバーの通気性の低下、紙おむつの場合はその素材（繊維や合成樹脂）との相性が考えられます。利用者に合うものを選ぶ工夫が大切です。

排泄の介助

Question ⑤ おむつを着用しているのに、尿漏れや便漏れがあるのはなぜですか

Answer 1 紙・布、それぞれの着用ポイントをチェックしましょう

　おむつを着用していても、尿漏れや便漏れがあるとき、紙おむつの場合は、次の4つのポイントを確認しましょう。
①臀部についてはおむつの上端が腸骨部にしっかり当たっている。
②おむつが鼠径部にそってギャザーがフィットし、しっかり引き上げ、広げた状態で当たっている。
③おむつを止めるときは腹部を圧迫しないように、上側のテープはやや下向きに、下側のテープはやや上向きに止めてある。
④股関節部の立体ギャザーが外側に掘り起こしてある。
などを確認してください。

　布おむつの場合は、おむつカバーからおむつがはみ出していないか、背部、鼠径部などを確認してください。おむつがカバーからはみ出すと、そこから衣類、シートに浸透し、汚れることになります。

排泄の介助

Question ⑥ おむつの購入でかかった費用は、介護保険が適用になりますか

Answer 1 医療費控除や補助金制度を有効に活用してください

　介護保険サービスを利用して、自宅で介護されている場合、原則として介護費用の1割・2割・3割（所得に応じた割合は異なる）が自己負担になります。おむつ代については自己負担になりますが、自治体によっては補助金制度を設けている場合があります。この補助金制度は入院入所される場合については該当しません。

　在宅サービス・介護予防サービスにおいて、通所介護（デイサービス）、通所リハビリテーション（デイケア）、特定施設入所者生活介護、認知症対応型共同生活介護（グループホーム）、認知症対応型通所介護、小規模多機能型居宅介護、地域密着型特定施設入居者生活介護等では、おむつ代は別途負担となります。

　ケースによってさまざまですが、おむつの購入でかかった費用は、医療費控除の対象として確定申告することができます。確定申告による還付金や補助金についての詳細は、地域の自治体に確認することをお勧めします。

排泄の介助

Question ⑦ 下痢便のときの介助で注意することは

Answer 1 適切な処置はもちろん、感染防止のために手袋の使用、手洗いを励行しましょう

　腸粘膜の障害で水分が吸収されない、腸蠕動運動の亢進で内容物が速く通過する、腸粘膜から腸液の分泌が亢進することで、水様性、無形の便が排泄されることがあります。これを下痢便と言います。下痢は食中毒や感染症、精神的なことでもなります。

　下痢便の症状のときは、次の4つがポイントです。
①腸蠕動を鎮静させるために、下腹部を温める。
②脱水予防のために、白湯、スポーツドリンクなどの水分を補給し、食事は下痢が止まってからおかゆなどから始め、冷水、牛乳、炭酸飲料などは避ける。
③肛門周囲の皮膚に炎症を起こしやすいため、排便後の清潔を保持し、皮膚保護材により便が皮膚と接触しないようにする。
④排泄物の処理には、手袋などを使用し、感染予防に努める。

　下痢便のときの介助で大切なことは、介助後に手洗いを励行することです。便や吐物の処理には、ゴム手袋などを着用し速やかに処理し、飛散しないよう注意しましょう。

第6章 入浴の介助

入浴の介助

Question ①
入浴時、浴槽の水位に配慮する必要がありますか

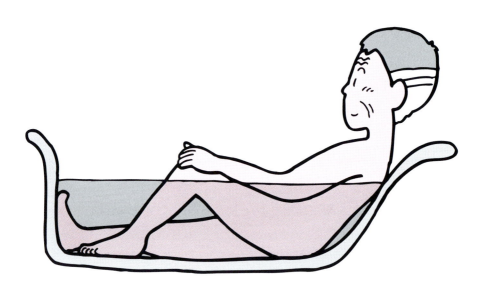

水位に比例して起こる静水圧作用に注意しましょう

　入浴には、落ちついた気分になることができる副交感神経に働きかける作用、ゆっくりつかると末梢血管が拡張して、血圧を下げる効果などがありますが、注意すべきこともいろいろあります。

　浴槽に入ったとき、水面からの深さに比例して、からだの表面に水圧がかかります。これを静水圧と言います。首までつかる全身浴の場合、皮膚表面に近い静脈は静水圧により圧迫されて心臓に押し上げられ、心臓の血液量が増加します。また、肺は横隔膜が挙上し肺の容量が減るため、これを補うことで呼吸が速くなりますので、注意してください。

心疾患があったり、呼吸器系が弱い方の場合は、半身浴などがお勧めです

　心疾患のある人や肺の弱い人の場合の入浴に際しては、あまり負担のかからない横隔膜までの半身浴や、水深が浅い洋式浴槽がお勧めです。

　また、入・出浴時には転倒や血圧の変動、湯冷めなどの事故も起こりやすいので、注意が必要です。

入浴の介助

Question ②
片まひがある人や一方向からの出入りしかできない人が浴槽へ出入りする場合に注意することは

自立に向けた安全な入浴のために、入浴台やバスボードなどを活用しましょう

　片まひがある人が浴槽に出入りする場合、入浴台やバスボード、浴槽のふちに一度座ってから、健側下肢を先に浴槽に入れるようにします。それは、自立に向けた安全な移動動作を利用者に示すとともに、湯温を確認できるようにするためです。

　入浴台やバスボードなどの福祉用具を活用することによって、利用者の健側の上下肢のもっている機能を活用して利用者のペースに合わせて移乗することが可能になり、介護者が持ち上げて移乗する負担を軽減することにもなります。

　片まひのある場合、患側下肢を介助して浴槽に入れます。足底が浴槽の床面に着いているのを確認し、浴槽の壁側の手すりや浴槽のふちを持って、健側の膝を曲げ、少し前傾姿勢になりながら、ゆっくりと臀部を浴槽に入れます。

　出るときは、浴槽のふちや手すりを持ち、健側の膝を曲げ、前屈みになると、臀部が自然に浮いてくるため、介護職員は腰を支えて、立ち上がり、浴槽のふちにいったん座ってもらいます。一般の家庭用浴槽では、健側下肢からの移動動作が困難な場合もあり、そのときは、患側下肢から入湯・出湯しなければならない場合もあります。このときは、入湯時の湯温に注意して、移乗の際は常にバランスを崩さないようにして転倒防止を心がけ、患側を支えて介助することが大切です。

はじめての生活支援Q&A集

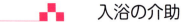 入浴の介助

Question ③
浴槽に入っている時間はどのくらいがよいですか

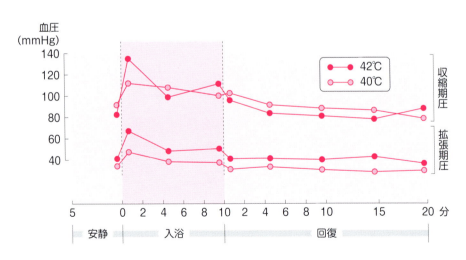

入浴の温度と血圧の変化

出典：上田理彦『家庭の入浴』Vol.32、No.5、P.293、1990年

高温浴と微温浴の違いを理解しましょう

　温度や時間、湯の量によってからだに及ぼす影響はさまざまです。高温浴（42℃以上）は交感神経が緊張します。それにより、心臓の働きを促進するため心負担が大きくなり、血管を収縮させ血圧を上昇させる・胃腸の働きを抑制し、筋肉を収縮させ、覚醒させます。急激に血圧を上昇させてしまう危険が生じます。

　一方、微温浴（38℃前後）では、副交感神経が優位になり鎮静をもたらします。心臓の働きを抑制し、血管を拡張させ、胃腸の働きを促進し、筋肉を弛緩させます。心臓へかかる負担が比較的少なく、血圧も急上昇することもなく、リラックスして入浴ができます。

　入浴については、半身浴でゆっくりと10分〜20分ほど微温浴するのがよいでしょう。からだの血液が循環するのに約１分かかり、20分つかると、からだの芯まで温まり、十分なリラックスを得ることができると言われています。

　しかし長時間の入浴により、温かい血液が脳内に循環すると、血圧が下降し、のぼせて意識がなくなる危険性があります。また、血管内の水分が徐々に失われ血液濃度が高くなり血栓が起こり心筋梗塞・脳梗塞を発症します。高齢者や心疾患、高血圧などがある人の場合は、５分程度を目安にして、状態を観察しながら入浴するようにしましょう。

入浴の介助

Question ④ シャワー浴の場合に配慮することはありますか

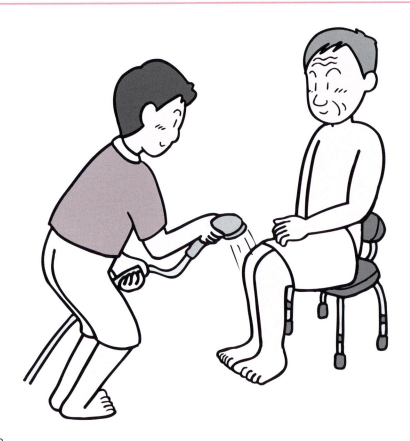

安全を確認しながら、適温のお湯を足元からゆっくりとかけましょう

　シャワー浴をする場合、シャワーのお湯で入浴用のいすを温め、安全に座ってもらいます。次の手順で安全に行うようにします。

① シャワーの温度を介護職員の肌で確認し、次に必ず声かけをして、利用者に適温かどうかを確認する。まひがある場合は健側（けんそく）で確認する。

② 適温になったら足元から、手、体幹へゆっくりとシャワーをかけ、からだを温める（足先からかけ湯をするのは、末梢の毛細血管を広げ、血液の流れをよくすることにより、心臓への負担を最小にするためです）。

③ 介護職員は利用者に石けんをつけた浴用タオルを渡し、自分で洗える範囲は洗ってもらう。

④ 上半身から下半身の順に洗う。背中は、首から肩、脊柱から腰は上下に、肩甲骨から側腹部は外側に円を描くように洗い、前部も筋肉走行に沿って洗うようにする。上・下肢は中心部（心臓）方向に洗うようにする。腋下、乳房の下側など汚れのたまりやすい皮膚の密着した部分はていねいに洗う。

⑤ 陰部・臀部を専用のタオルなどで洗う。

⑥ 洗髪は必要ならシャンプーハットを使用し、指の腹で頭皮をもむようにシャンプーする。

⑦ 立位をとる場合は、必ず手すりにつかまるように促し、安全に留意しながら介助する。

⑧ 床に残っている泡をよく洗い流し、転倒予防に注意する。

入浴の介助

Question ⑤ 入浴後に水分補給をするのはなぜですか

Answer 1 入浴前と入浴後の水分補給は脳梗塞や心筋梗塞を予防する効果があります

　入浴すると、発汗により水分が失われます。水分が失われると血液が濃縮され、脳梗塞や心筋梗塞などを引き起こすことにもなりかねません。

　入浴前には脱水予防のために、入浴後にも必ず水分を補給をすることが大切です。

　入浴して発汗すると、汗とともにミネラルを失いますので、入浴後にはミネラルを含んだ硬水を補給するようにします。

　喉が渇いたと思ったときにはすでに脱水状態です。特に入浴後は水分補給が必要です。

　また、入浴後は、バスタオルで水気を十分に拭き取り、からだが冷えて湯冷めをしないように注意するとともに、疲労感など入浴後の変化があるかどうかについてもよく観察します。休憩をとることも重要なことです。

入浴の介助

Question ⑥ 入浴後、すぐにからだを拭くのはどうしてですか

Answer 1 入浴後はからだの水分を拭き取ることによって、気化熱で体温が下がってしまうのを予防します

入浴後はすぐにからだを拭きましょう。

それは、からだに水分が付着していると気化熱によってからだが冷やされ、体温が下がってしまうからです。

気化熱とは、液体の物質が気体になるときに周囲から吸収する熱のことを言います。からだが濡れていると、表面の水滴が体温をうばって蒸発しようとするため、寒くなるのです。

タオルを肌にやさしく置くようにして、水分を軽く吸収させることによって、水滴は十分に拭き取れます。

また、入浴後はすぐに皮膚が乾燥し始めますので、必要によっては、からだを拭いたらなるべく早く保湿剤などを塗るようにします。

そして、その後は衣類を身に着けてもらい、湯冷めをして風邪などをひくことがないように、注意することが大切です。

着衣時は、声かけをしながら行うようにします。また、室温を22〜24℃ぐらいに保ち、隙間風が入らないようにしたり、部屋のカーテンを引いて、羞恥心(しゅうちしん)を感じさせないようにすることも重要です。

はじめての生活支援Q&A集

入浴の介助

Question ⑦

入浴時にからだをどこから洗うか、順番はありますか

基本的な順序をベースに、利用者の好みに合わせて洗いましょう

　入浴時にからだを洗う際は、利用者の好みや習慣を考慮して、洗うようにしましょう。洗髪してから顔など、順序は個人によって異なります。その人の好みに従って、からだを洗うようにしますが、基本は上肢、胸部、腹部から下肢へ、背部、臀部、陰部の順で洗います。

　利用者が洗える範囲は自分で洗ってもらい、足の先や背部、臀部など、洗いにくい部位は介助するようにしましょう。

まひがある場合、介護職員は患側に立って支援します

　まひのある利用者の場合は、介護職員は患側に立って支援します。

　まひは、中枢神経あるいは末梢神経の障害により、身体機能の一部が損なわれている状態のことを言います。運動しようとしても、十分な力が入らない、感覚が鈍く感じる、あるいは、まったく動かすことができない、感覚がまったく感じられないなどの状態のため、バランスを崩しやすく転倒する危険性があります。

　患側上肢・下肢を洗うのを介助するときは、肩関節および股関節の可動域に注意しましょう。支えが必要な場合は、関節保護や骨折予防のために2つの関節を下から支えるようにして行います。例えば、患側上肢の場合は、手関節と肘関節を下から支えましょう。

衣服着脱の介助

第7章

衣服着脱の介助

Question ①
肌着は、汚れがなく汗をかいていない場合は交換しなくてもよいですか

Answer 1
菌類・カビ類の繁殖防止のためにも、毎日取り替える必要があります

　直接肌の上に着る肌着は、見た目にはきれいで汗をかいていなかったとしても、肌着としての機能は低下しています。汚れは放置すると、酸化や微生物により分解され、アンモニアなどの刺激物質を生成し、皮膚を刺激し、独特の臭気を発生させる危険性があります。

　汚れは吸湿されやすく、微生物の栄養源になるため、水分や体温など、環境条件が整えば、容易に菌類やカビを繁殖させます。そのため、特に肌着は毎日取り替え、清潔に保つ必要があります。

　肌着の交換は、清潔さはもちろん、皮膚の生理機能を正常に保ちます。また、交換することで気分を爽快にし、生活にリズムとメリハリをつけるとともに、ちょっとしたリハビリ運動にもなります。

衣服着脱の介助

Question ② 介護する際に適さない衣服がありますか

Answer 1　好みのデザインや色・柄だけでなく、自立を促進する機能性を兼ね備えた衣服を選ぶことがポイントです

　利用者の衣服は、個人の好みのデザインや色・柄などに加えて、身体機能の低下の度合いに応じて、自立を促し、安全性・機能性を兼ね備えた衣服を選ぶ必要があります。

　歩行時に衣服が物に引っかかったり、肩や肘の関節可動域に制限がある利用者の場合で着脱時に患側に負荷をかけてしまったりする衣服は、よいものとは言えません。

　また、寝たきりの利用者の場合には衣服の縫い目や縫い代などのしわが原因で褥瘡(床ずれ)になってしまう危険性がありますので、衣服を工夫する必要があります。

　いずれにしても、着衣と脱衣の着せ替え動作は利用者にとっても過重な負担になることが考えられますので、からだの状態に合わせるとともに、本人にとって動きやすく、納得したものを選ぶことが大切です。

衣服着脱の介助

Question ③
着物や浴衣の合わせは、なぜ右前なのですか

〇右前　　　×左前

日本古来の風習です。左前にすると「死に装束」になるので気をつけましょう

　着物や浴衣は古来より洋服と異なり、男女とも前を左右に打ち合わせ、帯を締めて留めるという形式で着用します。

　洋服の前合わせは男女で左右が違いますが、着物や浴衣は男女とも右前に着ます。これは自分から見てではなく、正面から見てです。

　着物や浴衣を自分で着用する場合、襟を持って、先に右手の方を合わせて、次に左手に持っている方をその上に重ねます。

　そのため、正面から見ると襟もとは「ソ」の字を書くように右前に着用します。

　これは日本の風習で、「あの世とこの世は逆さの世界」という思想があり、着物や浴衣を着用している人の合わせを左前にすると、亡くなった時の「死に装束」となり、不吉とされているからです。

　このように、衣・食・住の生活するなかに、利用者がこれまで生活してきたさまざまな風習や伝統、生活習慣が染み込んでいます。介護職員は、それらの生活行為を大切にしながら、利用者の意志を尊重して支援していくことが求められます。

　利用者が生きてきた時代・生活をみつめながら、その人に適合した今の生活環境を整えていくことは、利用者の尊厳を遵守することにつながり、介護職員としての生活支援の醍醐味と言えるのではないでしょうか。

第8章 感染予防

感染予防

Question ①
手の洗い方には原則がありますか

①指輪、時計をはずす

②手をぬらす。流水で洗う

ためた水では洗わない

③石けんを手にとる

④手のひらを合わせてこする

⑤手の甲を洗う

⑥指先、爪の間を洗う

⑦指の間を洗う

⑧ねじり洗いをする

⑨手首を洗う

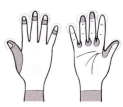
洗い残しをしやすい部分

Answer 1 手洗いで汚れが残りやすいところを知り、清潔を心がけましょう

手洗いは感染を予防するための最も基本的で重要な行為です。清潔管理の基本は手洗いです。介護職員の手は一日のなかで多くの物に触れながら、介護を行っています。手を媒介として、目には見えない微生物や菌を運搬してしまうかもしれません。

石けんと流水を使って手洗いを行っても、汚れが残りやすい部分を知っていないと、効果的な手洗いにはなりません。

汚れが残りやすい部分は、指先や爪のまわり、指と指の間や親指のつけ根、手首などです。感染予防を意識し、特にそのような汚れが残りやすい部分に注意して洗うようにしましょう。

Answer 2 手洗いの方法をマスターしましょう

左右の手のひらを合わせて洗うだけではなく、手の甲を他方の手のひらで洗ったり、指を組んで両手の指の間をもみ洗いしたり、親指から小指までの一本一本の指のつけ根を他方の手でつつむように洗ったり、さらに両手首を洗うことなどを順序よく行うことを習慣づけるとよいでしょう。また、必要に応じてブラシで爪先も洗いましょう。そして、最後に水でよくすすいだ後、十分に拭き取ることが大切です。

感染予防

Question ②
手を洗う場所がないときにどうすればよいですか

Answer 1
介護の前後には、必ず手洗いを。手洗い場がないときはウェットタオルで処置しましょう

　介護職員の手には雑菌が付着しているので、一人ひとりの介護をするごとに手洗いが必要です。手を洗う場所がないところで介護をするときは、拭くだけで除菌ができる除菌用ウェットタオルなどを使うのもよいと思います。しかし、ウェットタオルは簡易的なものですので、その後で必ず石けんと流水で手洗いするようにしましょう。

　高齢者は病原菌を攻撃し抗体をつくるＴ細胞という細胞が減少し、免疫機能が低下しています。手などに付着した細菌が健康な介護職員には何ごともなくても、高齢者には感染する危険性があります。介護職員は爪は短く、時計や指輪をはずし、介護の前後には必ず手洗いする必要があります。介護職員は自らが感染源にならないように注意しましょう。

感染予防

Question ③ マスクの着用は相手に失礼になりませんか

Answer 1 マスクには「感染させない、感染しない」という2つのメリットがあります

　マスク（衛生用マスク）を着用するのは、マスクには自分のくしゃみやせきなどで、ウイルスを含んだ唾液やたんなどの分泌物を外部にまき散らすことを防ぐことで他人に感染させないことと、外部からの菌などによる感染を効果的に阻止し、自分を守るという2つの効果があるからです。

　介護職員のマスクの着用は、自分が感染している場合には利用者に感染させないため、逆に利用者が感染していた場合は、介護職員が感染を受けないというように、相互に予防するために必要なことです。

　特に介護職員の対象になるのは主に高齢者で、加齢とともに病原菌の感染を受けやすいので、十分に注意が必要です。

　また、利用者によって考え方はさまざまなので、なぜマスクをしているかの理由を説明し、納得していただくことも大切なことです。

感染予防

Question ④ 疥癬（かいせん）のある人への介助の際、手の消毒は必要ですか

Answer 1 疥癬の2つのタイプを理解し、手だけでなく手首や前腕なども洗い、消毒するようにしましょう

　疥癬はヒゼンダニという小さいダニが人の皮膚に寄生して起こる皮膚病で、人から人へ感染します。疥癬には通常疥癬と角化型疥癬（ノルウェー疥癬）の2つのタイプがあります。

　通常疥癬は長い時間、手と手などが直接触れて感染します。入浴のときは手足の指の間や外陰部もていねいに洗います。入浴時のタオルなど皮膚に直接触れるものは共用しないで、寝巻きや下着は毎日交換し、同室での就寝は避けます。

　角化型疥癬は感染力が強く、短時間、間接的な接触でも感染しますので、個室にします。寝巻きを交換し、最後に入浴してもらい、垢の飛散に注意し、タオルなど肌に触れるものは共用しないことです。接するときは手袋や予防着をつけます。洗濯は50℃以上の湯に10分以上浸した後に行います。居室は掃除機で掃除し、殺虫剤を撒（ま）くようにします。いずれの疥癬に罹患（りかん）している人の介護でも、介護職員はからだを抱きかかえることもありますので、手の消毒はもちろん、手首や前腕などもよく洗い、消毒することが大切です。

第9章 介護記録

介護記録

Question ①
記録を書く自信がありません。どのように書いたらよいですか

Answer 1
利用者をよく観察して、利用者の言動や表情などを具体的に書きましょう

　介護サービスを提供したプロセス（過程）を、ありのままの事実として記述し、記録として残しておくことが、介護職員として「記録を書く」ということです。

　どのように書きはじめたらいいかわからない、うまく書けないと恥ずかしい、という気持ちが、ますます記録を書けない状況に自分を追いやっているのです。

　前に書いてある内容を踏襲したものや"特変なし"のみの記述では、利用者の状況は伝わりません。

　次の例で見てみましょう。

■日誌の記録より
・昨夜はコールがあちらこちらで鳴って大変だった……①
■フロアの記録より
・施設での入浴介助のために自宅へ迎えに行ったら「入らない！」と言われて大変だった……②
・認知症が進んだようだ……③
・元気なようにみえた……④
・衣類を替えてもらおうとしたら、着替えが大変だった……⑤

上の①～⑤の記録は何が不足しているのでしょう。
どのような内容を追加すると、介護職としてふさわしい記録になるのでしょうか。

	問題点	ふさわしい記録
①	・どのような訴えが多かったのか具体的に記録していない。 ・「大変だった」という介護職員の主観しか書かれていない。	・コールを鳴らした利用者名と状況、鳴らした理由などを記述する。
②	・利用者が風呂に入らないと言った理由の記述がない。	・風呂に入らないという訴えの原因と思われることを記述する。特に認知症の人の場合は、自分の気持ちを言葉として表現できず、抵抗を行動として表現することがあるので、その時の状況を記録するとよい。
③	・介護職員が利用者を客観的に見て、どのような言動から「認知症が進んだ」と判断したのかがわかる記述がない。	・日常生活における行為や言動、記憶などにおいて、認知症が進行したと思われる内容を具体的に記述する。
④	・元気かどうかは介護職員の主観に基づく判断なので説得力がない。	・利用者の言動を具体的に書き、「……なことから元気なようである」と記述する。
⑤	・大変さの内容が明らかでない。本人が納得しなかったからなのか、まひなどの身体障害によってスムーズに着替えられなかったからなのか、あるいは着替える衣類が気に入らなかったからなのかなど、理由は利用者によって異なる。	・何が大変だったのか、利用者の言動や表情などを含め具体的に記述する。

書く自信は湧いてきましたか？

介護記録

Question ②

記録が必要な理由は何ですか

Answer 1

統一されたケアを提供するためには情報の共有が大切です

　私たちは日々の生活のなかで、さまざまな形で「書く」ことをしています。書いて記録することで計画を立てて、予定通りに行動でき、行動の重複を避けることができ、行動の結果を確認し、次にすべき予定の参考にすることができます。

　介護職員としての記録はとても重要なことです。一人の利用者の介護にあたっては複数の介護職員やさまざまな職種の人が数多く関わるため、誰がどのようなケアを行ったかを全員が相互に把握する必要があるからです。統一されたケアの提供のためには、情報の共有が大切なのです。

　介護の記録を書くためには、観察力が必要です。自分が行うケアばかりに夢中になると、利用者の状況把握がないがしろになってしまいます。記録は誰にでもできることです。観察したことすべてを記録するわけではありませんが、自分が行ったケアと利用者の状況についての具体的な記録を、「意図して書く」という習慣を身につけるようにしましょう。

【参考文献】
介護福祉士養成講座編集委員会編『新・介護福祉士養成講座6　生活支援技術Ⅰ』第2版、中央法規出版、2011年
介護福祉士養成講座編集委員会編『新・介護福祉士養成講座7　生活支援技術Ⅱ』第2版、中央法規出版、2010年
介護福祉士養成講座編集委員会編『新・介護福祉士養成講座14　こころとからだのしくみ』　第2版、中央法規出版、2010年
壬生尚美、佐分行子編著『事例で学ぶ生活支援技術習得―新カリ対応』日総研出版、2008年

【MEMO】

【MEMO】

【MEMO】

【編著者略歴】

佐藤　富士子（さとう　ふじこ）
大妻女子大学人間関係学部教授
東洋英和女学院大学卒業、桜美林大学大学院修了。
看護師、看護学校教員を経て、現職。

壬生　尚美（みぶ　なおみ）
日本社会事業大学社会福祉学部教授
至学館大学大学院修了、関西福祉科学大学大学院満期退学。
特別養護老人ホーム、障害者支援施設、介護職員、中部学院大学短期大学部准教授等を経て、現職。

◎編集協力／株式会社実践実務教育協会
◎表紙デザイン／尾崎真人
◎本文デザイン／株式会社ウエタケ
◎表紙・本文イラスト／もりまさかつ

介護職員スキルアップテキスト1
はじめての生活支援Q&A集
──誰にも聞けない素朴な疑問

2012年12月13日　初　版第1刷発行
2019年 9月26日　第2版第1刷発行

編著者　佐藤　富士子
　　　　壬生　尚美
発行者　林　諄
発行所　株式会社 日本医療企画
　　　　〒101-0033　東京都千代田区神田岩本町4-14神田平成ビル
　　　　TEL 03-3256-2861（代）
　　　　http://www.jmp.co.jp/
印刷所　凸版印刷株式会社

©Fujiko Sato & Naomi Mibu 2012, Printed in Japan
ISBN978-4-86439-856-5 C3036

定価は表紙に表示しています。
本書の全部または一部の複写・複製・転訳載等の一切を禁じます。これらの許諾については小社までご照会ください。